THE BATSFORD COLOUR BOOK OF WALES

CYMRU MEWN LLIW, GAN BATSFORD

THE BATSFORD COLOUR BOOK OF
Wales
Cymru
MEWN LLIW, GAN BATSFORD

Introduction and commentaries by
Rhagymadrodd ac esboniadau gan
Cledwyn Hughes

B. T. Batsford Ltd, London & Sydney

First published 1975

Text copyright © Cledwyn Hughes, 1975

Filmset by Servis Filmsetting Ltd, Manchester
Printed and bound by Morrison & Gibb, Edinburgh
for the publishers,
B. T. Batsford Ltd, 4 Fitzhardinge Street, London W1
and 23 Cross Street, Brookvale, NSW 2100, Australia

ISBN 0 7134 3003 6

Contents — *Cynnwys*

Introduction

To the west of England, and surrounded on three sides by the sea, lies the land which contains the nation of Wales. It is a small country, of lakes and mountains and estuaries in the north; of smaller hills and industrial valleys in the south. It holds a people who speak, and speak everyday, an old language; a language which was old when the Romans came, and which is still used by this people who have remained awaredly different in a centralising age.

To the mind of the traveller, both of today and yesteryear, Wales is a country of high mountains; red with heather, or golden ablaze with gorse under the sun. This land has always attracted travellers. Many of the English artists of the eighteenth and nineteenth centuries who made the Welsh Tour had an impression of a landscape of heights clothed with mysterious mists; of crags and steamy waterfalls, and of high ledges inhabited by nimble sheep and unfriendly goats. Several of these artists, especially those who worked with watercolours, caught to a rare perfection the mood and atmosphere of this seemingly foreign land.

Wales, little Wales, as many invaders called it but later learned to respect it, is 153 miles long from north to south, and in width varies from 95 to 35 miles. The geology of Wales has influenced greatly the history and the character of the people. Much is mountain moorland, thinly occupied and where the business of earning a living has always been hard. The social life, and the warm community consciousness of the Welsh people, has been conditioned by the wild nature of their land – a place rich in great scenic beauty, but difficult indeed for easy transport and the convenient establishment of industry.

Up to recently there was no official capital of Wales, but now it is Cardiff which is the hub of all administration. Yet, somehow, one feels that the real heart of Wales is elsewhere; somewhere in the mountains, mysterious and as romantic as the Camelot of Arthur.

Maritime indeed is Wales: a fact which is often forgotten when the publicity talk is of choirs, and miners, and rugby football, and fashionable film stars. On the west and north and south the frontier is the ocean. The Welsh have often been accused of lacking a sense of adventure; yet they have produced seafarers and wanderers who have explored all parts of the earth and founded colonies which have flowered to civilised greatness. On three sides of this small land there are the white-topped waves of heat-time, and the great green thundering breakers of the winter gales. But the Welsh, in their poetry and prose and songs, have spoken mostly of the hills and the valleys. The true spirit of Wales has always retreated to the mountains, and there has been nourished on natural beauty, and isolation, and always on introspection.

On the northern coastline of Wales there are a string (an appropriate word indeed) of holiday resorts which are very anglicised; Rhyl, Colwyn Bay, Llandudno and the rest. Further west lies the cathedral town of Bangor; and to the south-west of that the wonderful Lleyn Peninsula with its lonely cliffs and winds blown east out of Ireland. Further south is Cardigan Bay with more resorts: Barmouth, Towyn, Aberdyfi, Aberystwyth. Further south yet again is the rocky coastline of Pembroke, the area which is known as the Little England Beyond Wales and which received a colony of Flemings in the fifteenth century. Then there is St David's Head, with its most ancient cathedral and, bearing east, the South Wales coastline with Gower Head; and the resorts which cater unashamedly for the affluent industrial population of South Wales.

But it is to the east, away from these maritime frontiers, to the border with England to which the Welsh have always looked for danger from invaders – Saxons, and the Norman Conquest during which the Welsh kept much of their independence and all of their culture. After the Norman Conquest the Welsh retained their dignity more fully under their own Princes until their land was finally occupied by the forces of Edward I. For a long time after that, the Welsh were oppressed by Norman Criminal Law, although some Welsh Civil Law remained. Yet the Welsh people survived as a national identity to see the grandson of an Anglesey gentleman gain the throne of England and thus found, on Welsh blood, the Tudor Dynasty which led Britain into its most golden age.

But before that romantic event there had been Owain Glyn Dwr, a national patriot and hero, who was probably born around about 1354. He has been called the last true leader of the entire Welsh nation. Since his time many Welshmen have gained fame at home and overseas, but none have stayed in Wales to rally the Welsh people to concerted efforts of political expression by direct action. He was an astute military leader, of great strength of character and personality. He held a Parliament in Wales, and had plans for founding a Welsh University, and a Church not under the control of Canterbury. From about 1400 onwards, for many years, this great man was, in reality, the King of Wales.

History moves on. There was Colonel John Jones who was one of those signing the death warrant of Charles I. After the Restoration, Jones was arrested and charged with high treason. He was later hanged, drawn and quartered, and Pepys has a mention in his *Diary* of seeing the steaming remains of the old Puritan being drawn on a sledge through the snowy streets of London.

Came the Jacobite Rebellion, with which most of the Welsh gentry were sympathetic, although they did not actually take up arms and join with Prince Charles Edward; they were waiting for him to move further south before linking up with his forces. The Welsh nation remained loyal to the Stuart cause long after Culloden, and for this they were oppressed afterwards by the Houses of Orange and Hanover. For the same reason, Walpole decided to crush the Welsh Church and from his day until Gladstone there was no Welshman on the Bench of Bishops. Gladstone, to his credit, placed a Welsh Bishop at St Asaph.

In the nineteenth century life centred in Wales around that radicalism which came from the great nonconformist revivals of the preceding century. By the twentieth century the relationship of the Welsh and English peoples was resolving into the complicated situation which has seen recently the arrival of Welsh Nationalist Members of Parliament at Westminster. Throughout the last fifty years, Welsh national consciousness has been on the steady increase. For reasons which are too numerous to explain in an essay of this nature, the majority of Welsh people have arrived at a mood when they desire a Parliament for Wales.

If you travel across my Wales, you will see the little farmhouses, snug and secure against the rocky shoulders of the hills, their grey stone touching the green grass and crimson heather and the yellow clumps of gorse and broom. These are the small and gentle houses which every Welshman will tell you belong to the Wales of his heart. It is this which he remembers when he is far away from Wales, not the smokey valleys of Glamorgan or the smart villas of the northern coast. It is the memory of the old and true Wales; the expression of the continuity, of the hearth and family life of a fundamentally pastoral and sentimental people. There are no streets in the folk-memory of the Welsh; no suburbia; no fashionable sidewalks or café intelligentsia. The heart of every Welshman is truly inhabited by a memory of country places.

Various traits stand out strong and clear in the character make-up of the Welsh people: a love of family life, a sense of religion; a love of singing and of good talk; and always a great mood of melancholy comedy, a sort of bitter-sweet approach to life, especially when they are speaking their own language. They love the earth, and those Welsh who are in industry speak and think often of the farmlands of distant Wales; most Welsh have an ancestor a generation or two back who worked on the land. In business the Welsh who expand their commercial interests are usually very successful.

In their everyday dealings with one another, the Welsh are the most neighbourly and sociable of people; and there is a constant interchange of companionship and help between them.

And physically Wales is a most beautiful country, one of the most lovely of all the northern lands. Under its changing skies, and the glory of its passing seasons, the land of Wales can give charm to, and cast a spell on, every kind of visitor. Yet, perhaps, gone for ever and always are the days when the 'walker' went through the highways and the byways of Wales, his mind soothed into peace by this prospect of green valleys, and misty mountains, and the blue sea beyond the golden sands. Now we have the tourist, and perhaps his search for tranquillity is not so easy to assuage. After all, Wales can only give her magical reward to those who trust completely in some fundamentals. A reward, however, which comes easily and fully to those who believe that high hills are more important than the ultimate comfort of a modern hotel. And who believe, perhaps old-fashionedly nowadays, that skies and stars and the everlasting mountains promise more of eternity than the plane which races time. For the solitary, the hermit who today is suspect, the Welsh hills and shores can still give a deep and satisfying, almost a religious, sense of awareness.

And what dreams of tomorrow for Wales in this modern world of cantankery and shabby ideals? People who are fortunate enough to inhabit this most magnificent landscape must, surely, be touched by the wonder of it all: mountains white with snow to winter moons; blue estuaries high with Atlantic tide; the summer sighing winds about the heather uplands, and ever the sense of apartness created by their own private and wonderful language. Such a nation is not easily soiled by the fashions of greed, by the rat race to the E-type and the crematorium. Perhaps they will carry forward from their small and lovely land a banner for a new and better society, founded on their warmth of heart and the old Celtic belief that man is a child of the universe and has every right to be here.

Rhagymadrodd

Gorwedd Gwlad Cenedl y Cymry ar ochor orllewinol Lloegr. Mae mor yn amgylchu y tair ochor arall. Gwlad fechan yw. Yn y Gogledd ceir mynyddoedd, llynoedd ac aberoedd. Yn y Dê mae bryniau is a llawer dyffryn diwidianol. Defnyddia y trigolion Iaith Hen. Yn wir yr oedd yn hen pan ddaeth y Rhufeiniaid trosodd. Iaith hen, ond iaith fyw gan iddi gael ei siarad bob dydd. Dyma fobol sydd wedi cadw eu gwahaniaethau cyntefig mewn oes o unffurfiad canolog.

Heddiw, fel ar hyd y blynyddoedd, cred teithwyr trwy Gymru mae gwlad ydyw o fynyddoedd uchel wedi ei gorchuddio a grug cochlas, neu yn wenfflam pan fo/r haul yn disgleirio ar yr eithin. Dena y Wlad ymwelwyr lawer. Cafwyd dylanwad parhaol ar sawl arlunydd o Loegr yn y ddeunawfed ganrif (18 & 19.) ar bedweredd ganrif a phymtheg. Yn ol arfer yr amser deuant ar eu cylchymdaith fawreddog trwy Gymru. Gwnaeud argraff dwfn arnynt gyda'r uchelderau wedi eu gwregysu a caddug, llawn dirgelion, clogwyni carregog, rheiadrau, ewynol, a silffoedd uchel lle treiglai y defaid sionc ar geifr anghyfeillgar.

Bu llawer o'r arlunwyr, yn enwedig y paentwyr mewn dyfrliw, yn hynod ddiheuig i ddal anian awyrgylch y wlad, a debygid ganddynt fod yn wlad estronol. Diemygai rhai Cymru fel 'Cymru Fach' ond daethant ymhellach i'w pharchu. Hyd y wlad o'r Gogledd i'r Dê yw 153 milltir ai lled yn amrywio o 95 i 35 o filltiroedd. Gwelir dylanwad daeareg Cymru ar hanes a cymeriad y bobl.

Mae rhan helaeth or wlad yn gorsdir mynyddog. Lle anodd gwneud bywoliaeth yn yr ambell duddyn anghysbell. Mae bywyd cymdeithasol y Cymy wedi ei wreiddio yn natur traddodiadol eu gwlad. Tir cyfoethog mewn harddwch ei golygfeuydd ond anodd tramwyo o le i le, nac ychwaith cael lleoedd cyfleus i sefydlu diwidianau.

Hyd yn ddiweddar nid oedd Prifddinas swyddogol i Gymru. Erbyn hyn Caerdydd yw canolfan pob cyfrifoldeb gweinyddol. Er hyn, teimlwn, nad yw calon Cymru yma, ond yn rhywle arall, rhywle yn nirgelwch mynyddoedd mewn man mor gyfrin a rhamantus a 'Camelot' y Brenin Arthur.

Gwlad arfor yn wir yw Cymru. Dyma ffaith a anghofir gan y cyhoedduswyr pan yn son am – gorau, mynwyr, chwareuon rygbi a ser moeswych byd y ffilmiau. Y cefnfor yw terfyn y wlad ar y gorllewtn, gogledd ar de.

Mae y Cymry wedi cael eu cyhuddo ar gam, nad oes ysbryd anturiaethus ynddynt. Er hyn, maent wedi cynyrchu morwyr a crwydwyr enwog. Rhai wedi chwilota trwy yr holl fud ac wedi sefydlu gwladfeuydd a ddaethant yn léoedd pwysig iawn.

Gwir mae mor sydd ar dair ochor o'r wlad fechan hon. Mor y sydd ar ddyddiau gwres, ar ewyn gwyn fel rhimyn yn coroni y tonnau sy'n ymdaenu ar y glannau. Ond pan fo stormydd y gaeaf maent fel morglawdd enfawr gwyrdd yn taranu yn erchyll ar y traethau.

Cana y llenorion a'r beirdd fwy am eu bryniau a'i dyffrynoedd, fel pe bae gwir ysbryd Cymru yn encilio i'r mynyddoedd. Yma caent eu meithrin ar brydferthwch natur yn yr unigeddd ac y caent fyfyrio mewn tangnefedd.

Ar hyd arfordir gogledd Cymru mae llinyn (gair cyfaddas yn wir – llinyn) o drefi glan-mor wedi ei saesnegeiddio   Rhyl, Bae Colwyn, Llandudno ar gweddill. Ymlaen tua'r gogledd mae Dinas Bangor a'i h'Eglwys Gadeiriol. I'r ogleddol estyn gorynys Llŷn. Mae yn rhyfeddol o brydferth ar clogwyni serth yn dal oer-wynt sy'n croesi mor o'r I werddon. I lawr i'r de mae mwy o drefi glanmor ar hyd Bae Ceredigion – Y Bermo, Tywyn, Aberdyfi ac Aberystwyth.

Rhai milltiroedd pellach ır De mae gorynys creigiog Sir Benfro. Adnabyddir yr ardal hon fel Lloegr fechan tu draw i Gymru.' Dylanwadwyd ar yr ardal gan bobol o wlad Belg a ddaeth yn y bymthegfad ganrif i gartrefu yma. Enwir y pen-tir fel Penmaendewi ac nid yw nepell o'r Eglwys Gadeiriol hynafol Tŷ Ddewi.

Troi dipin tua'r dwyrain a down ar hyd morlin Dê Cymru i Ben Bŵyr. Mae y trefi glan-mor yma, heb gywilydd, yn paratoi moethusdra drud i fodloni trigolion cyfoethog ar ei gwyliau o drefi diwidianol y Dê.

Nid o'r mor, ond dros y ffin ochor Lloegr yr ofnai Cymru ddyfod ei gelyn. Dyna sut y bu, ei dilynwyd y Sacsoniaid gan y Normaniaid. Yn amser goresgyniad y Normaniaid cadwodd y Cymry lawer o'i hannibyniaeth a'i holl ddiwylliant. Hyd nes y trechwyd eu gwlad gan fyddin Iorwerth I af, cadwodd y Cymry eu hunan-barch trwy ddylanwad eu Tywysogion eu hunain. Gormeswyd y Cymry am gryn amser gan ddeddf drosedd y Norman-iaid, er fod rhannau o ddeddf sifyl Cymru yn dal i weithredu. Eto parhaodd y Cymry fw eu bywyd cenedleuthol nodweddiadol nes yr ennillodd wŷr i foneddwr o Sir Fon, orsedd Prydain. Fel hyn trwy waed Cymro sefydlwyd llinach y Tuduriaid. Dyma arwain Prydain i fewn i'w h'oes Euraidd.

Cyn y digwyddiad rhamantus a nodwyd, Owain Glyndwr oedd Arwr y wladwriaeth. Ganwyd o gwmpas 1354. Cred llawer, mae EF oedd y gwir arweinydd olaf i Gymru gyfan. Ers ei amser mae sawl Cymro wedi ennill clod – gartre a thros y mor – ond nid oes un wedi aros a dylanwadu ar yr holl Gymry mewn un ymdrech i gyduno llwybyr eu hymdrech. Roedd yn arweinydd milwrol cyfrwys. Dyn cryf ei gymeriad a'i bersonoliaeth. Cynhaliodd Senedd yng Nghymru, ac roedd cynlluniau ganddo i sefydlu Prifysgol i Gymru, hefyd *dadgysylltu Eglwys Cymru o Gaer-gaint. Am rai blynyddoedd ar ol 1400, mewn gwirionedd, Owain Glyndwr oedd Brenin Cymru. Treigla Hanes, a cawn hanes Cyrnol John Jones. Rhoddodd ei lofnod i ysgrif -angeu Siarl Iaf. Wedi'r Adfywiad, daliwyd Cyrnol John Jones, cyhuddwyd o deyrnfrad. Cafodd ei grogi a tynwyd ei berfedd allan. Ysgrifenodd Pepys yn ei ddiddiadur, iddo weld gweddillion yr hen biwritan yn cael ei dynnu yn stemio ar gar llusg trwy strydoedd eirllyd Llundain.*

Dilynwyd gan wrthryfel y Jacobeiaid, gwrthryfel y Llidiartau, Roedd cydymdeimlad y rhan fwyaf o'r 'byddigions' gyda nhw, er heb ddangos eu hochor. Eu cynllyn oedd i godi arfau pan y daethai Tywysog Siarl Iorwerth i lawr tua'r Dê.

Parhaodd cenedl y Cymry, gan mwyaf, yn daerngar i'r Stiwardiaid ymhell ar ol brwydr Culloden. Dyma y rheswm paham eu gormeswyd am amser wedyn gan ddilynwyr Ty Wiliam o 'Orange' a 'Hanover'. Ac am yr un rheswm penderfynodd Walpole fathru yr Eglwys yng Nghymru. O'i ddydd ef hyd amser Gladstone nid oedd Gymro ar Fainc yr Esgobion. Er clod i enw Gladstone gwnaeth Gymro yn esgob Llanelwy.

Trwy y ganrif pedwar-ar-bymtheg (19 Cent.) amgylcha bywyd Cymru o gylch Radicaliaeth, canlyniad diwigiadau pwysig anghydffurfiaeth yn y ganrif flaenorol.

Erbyn yr ugeinfed ganrif roedd perthynas rhwng pobl Cymru a Lloegr yn dosrannu i sefyllfa gymlet. Gwelwyd hyn gyda dyfodiad Aeloadau Seneddol Plaid Cymru i San Steffan. Mae ymwybodaeth genedleuthol y Cymry yn tyfu yn gyson drwy yr haner can blwyddyn olaf. Am resymau rhy niferus a chymleth i'w nodi yn awr, mae y rhan fwyaf o ddeiliaid Cymru erbyn hyn yn awyddus i gael Senedd i Gymru.

Pe baech yn teithio ar draws Cymru, fe welech sawl ty-ffarm bychan, wedi ei adeiladu yn glud a diogel yn nghesail garegog y bryniau. Y garreg lwyd yn codi o'r glaswellt, y grug coch-las, a sypiau melyn o eithin a banadl. Dyma y math dŷ bach clud a gofia y Cymro, yn ei galon, pan yn bell oddi cartref. Nid cofio dyffrynoedd myglyd Morganwg, na tai crand arfordir y Gogledd. Atgof sydd o'r hen ar gwir Gymreig gyda'i fynegiant parhaol o fywyd teulu ac aelwyd. Pobl deimladol, a'i gwreiddiau yn y wlad. Nid oes Strydoedd yn cof Gwerin Cymru. Nid oes Maesdrefi, na phalmantau ffasiynol, na bwyd-dai yr 'Intelligentias' Yn nghalon pob Cymro mae cof hiraethus am rhyw fan gweledig.

Mae rhai nodweddion clir i'w gweld yn nghymeriad y Cymro rhai ydynt – cariad teuluol, ymwybodaeth reddfol o grefydd, hoffter o ganu a chael sgwrs anian athrist ac eto yn gweld y doniol. Maent yn gwynebu bywyd a cymysgfa o felysdra-chwerw, yn arbennig pan yn siarad eu iaith eu hunain. Carant y tir, hyd yn od, y rhai mewn diwidiant. Mae pawb, rhyw dro yn y pellter ag hynafiaid gychwynodd o rhyw dyddyn yn y wlad.

Mewn busnes, ceir fod y Cymry yn datblygu eu diddordebau masnachol ac ar y cyfan yn llwyddo. Yn eu bywyd pob dydd, mae y Cymry yn gymdogol a chymdeith asol, yn barod bob amser i roi help llaw a chyfeillgarwch.

Ystyrir Cymru yn un o wledydd prydferthaf gwledydd y Gogledd. Beth bynnag fo'r tywydd, yntau haul neu gymylau, mae y golygfeuydd yn ogoneddus yn y pedwar tymor. Mae rhywbeth i swyno pob math o ymwelydd Gresyn meddwl, hwyrach fod dyddiau 'y cerddwr' fel yr oedd wedi mynd am byth. Pan y gallai grwydro dyffrynoedd gwyrdd ac yn nhawelweh y bryniau niwlog gael esmwythad i'w enaid ac yna ymlaen a'i galon yn ysgafnhau wrth godi ei olygon draw dros draethau aur i'r mor glas yn ymestyn tua'r gorwel.

Y dyddiau hyn mae gennym y 'twristiaid' ond hwyrach nad yw ei ymchwil am lonyddwch mor hawdd i'w ddiwallu. Wedi'r cyfan, ni all Cymru roi ei gwobr hudol i neb ond y rhai sy'n ymddiried yn llwyr mewn gwirioneddau sylfaenol. Gwobr hawdd i'w chael gan y rhai sydd yn credu fod pwysigrwydd mwy yn y mynyddoedd nac yn esmwythdra gwestv modern, moethus. Hwyrach yn credu yn y syniad -hen ffasiwr fod ir ffurfafen, y ser ar mynyddoedd anfarwol addo mwy o fytholdeb nac sydd i'w gael mewn awyren yn rasio yn erbyn amser. Er y drwg dybir yr hwn hoffai fod ar ben ei hun, caiff brofiad dwfn, boddhaol pan yn ymdroi ar fynyddoedd ac ar lannau mor Cymru. Bron na ddywedwn y gall gael teimlad ysbrydol.

Pa freuddwydion sydd eto i Gymru? Beth am Yfory Cymru yn y byd cwerylgar gwael sydd o honni heddyw?

Gobeithio fod y rhai ffortunus, sy'n cael byw ynghanol y golygfeuydd gogoneddus yn cael ei cyffwrdd gan rhyfeddod y cyfan – mynyddoedd gwyn dan fantell o eira yn ngolau y lleuad, hefyd aberoedd glas pan fo'r llanw uchel yn dod i mewn iddynt, ac yn mwynhau teimlo gwynt ysgafn yr haf, yn cwynfan i mewn ac allan o glychau'r grug yr uchelfannau.

Yn ddiamau ceir teimlad o neilltuoli trwy ei iaith ryfeddol hwy eu hunain. Nid hawdd yw maeddu cenedl gyda'r fath draddodiad na'i rheibio gan fasiynau trachwantus, na'i hudo i uno yn y 'râs llygod' er meddu 'Jag' math E a allai ddiweddu yn yr Amlosgfa.

Gobeithio y gallent gario ymlaen, allan o'u gwlad fechan, brydferth. dan gario baner yn galw am Gymdeithas Newydd, Well. Cymdeithas wedi ei sefydlu ar sylfaen calon gynnes ar hen grêd Geltaidd fod Dyn yn Blentyn y Cyfanfyd, ac fod ganddo bob hawl i fod yno.

The Plates

BARMOUTH, MERIONETH

This popular resort is at the mouth of the sublime Mawddach Estuary. A railway viaduct crosses this, which can be seen in the picture; the iron bridge at the left opens to allow the passage of seagoing yachts. The mountains are the Cader Idris range, from the summit of which Ireland can be seen on a clear day. The slipway for the local lifeboat is under the white house at the end of the bridge. Barmouth has associations with many famous Victorians, and Ruskin bought property in the town to found his Guild of St George. The first land owned by the National Trust is on the cliffs behind the harbour.

BERMO, MEIRION

Saif y gyrchfan gwyliau yma wrth Aber ogoneddus y Fawddach.

Gwelir yn y darlun – Fforbont yn croesi. Fe egyr y bont haearn ar y chwith i hwyluso y llongau pleser tal fynd allan i'r mor.

Gwelir eangder mynyddoedd Caner Idris, o'r copa ceir cip-olwg o'r Iwerddon, ar ddiwrnod braf.

Mae sglefr y Bâd Achub lleol yn is na'r Ty Gwyn wrth ben y bont.

Roedd cysylltiad ar Bermo gan foneddigion enwog oes Victoria. Prynodd Ruskin eiddo, er sefydlu ei Urdd Sant Sior.

Y tir cyntaf a feddianodd y Geidwadaeth Genedleuthol oedd y creigiau ty ol i'r Harbwr.

CARDIGAN COAST AT LLANGRANOG

This particular area of the western coast of Wales has a warm place in the hearts of many of the Welsh younger generation. Here, since the Thirties, Urdd Gobaith Cymru, the Welsh League of Youth, has held annual open-air camps for the young people of Wales. The Urdd, founded by the late Sir Ifan ap Owain Edwards, concentrates on high ideals for Welsh youth, the preservation of the language and the best virtues which are enshrined in the religious beliefs of the Welsh nation. The Urdd now has many such summer camps, but the one at Llangranog has a special meaning for the Welsh people. The picture shows sand and gentle rock which are typical of much of the western shores of the country.

LLANGRANOG, AR LAN MOR YN CEREDIGION

Dyma lan mor orllewinol Cymru. Mae yn hoff arbennig gan lawer iawn o ieuenctid Cymru. Yma, ers y tridegau, cynhellir gwersyllau awyr agored yr Urdd.

Sefydlwyd Urdd Gobaith Cymru gan y diweddar Syr Ifan ap Owain Edwards. Rhoddodd bwyslais ar ddelfrydau uchel yn nôd i ieuenctid Cymru. Hefyd diogelu yr iaith, a cadw y rhinweddau goreu a gorfforir yn ein crefydd.

Mae gan yr Urdd sawl gwersyll erbyn hyn, ond modd Llangranog arbenigrwydd i bobl Cymru.

Dengys yn y darlun dywod a creigiau bonheddig, sy'n nodweddiadol o draethau gorllewinol y wlad.

CAERNARVON CASTLE

This is one of the most splendid castles in Europe and was built by Edward I as part of his building programme to keep the Welsh nation in subjection. Finally completed by Edward II in 1322, it remains one of the best preserved military buildings in the world. The Welsh of the time were a fighting nation, but limited in skills of warfare, they used the mountains for tactical purposes and constructed few fortifications. Built on rocky ground projecting into the Menai Straits, it has the sea on one side, the river Seint on the other, and each of the other areas was protected by a fosse. The original castle, often called the most beautiful ever built in the Middle Ages, originally covered three acres.

CASTELL CAERNARFON

Dyma un o gestyll ardderchocaf Iwrop. Adeiladwyd gan Iorwerth I i geisio darostwng cenedl y Cymru. Gorffenwyd gan Iorwerth II yn y flwyddyn 1322. Erys yr adeilad, yn un a gadwyd yn well, nac unrhyw un milwrol arall yn y byd. Cenedl ryfelgar oedd Cymry y cyfnod, heb fawr o arfau na disgyblaeth filwrol Defnyddiant y mynyddoedd fel Caerau o ba le y rhuthrant ar y gelyn a gwneud difrod.

Adeiladwyd Castell Caernarfon ar dir caregog yn ymestyn allan i Gulfor Menai. Mae mor ar un ochor, Afon Seiont ar yr ail, ac ar y ddwy ochor arall mae amglawdd. Roedd y Castell cynta yn gorchuddio tair erw. Credai llawer mae dyma yr un prydferthaf a adeiladwyd yn y canol oesoedd.

PORTMEIRION

There is only one Portmeirion, situated on a headland just south of Portmadoc, Caernarvonshire. It is an architectural essay created by Sir Clough Williams-Ellis, and is one of the most 'in' holiday places in the Western World. Here, in a week, Noel Coward wrote *Blithe Spirit* and it has been the haunt of many artists, writers and composers of world fame. Edward VIII, when Prince of Wales, stayed here often; and today many of the famous take time off to visit this fascinating assortment of many architectural styles, predominantly Italianate in mood.

PORTHMEIRION

Nid oes ond un Porthmeirion. Mae ar y pentir i'r dde o Borthmadoc, Sir Gaernarfon. Traethawd pensaerniol ydyw wedi ei greu gan Syr Clough Williams-Ellis. Cred y Gwahanolwyr cyfoethog, mae dyma y lle i dreulio gwyliau yn y byd gogleddol. Yma, tu mewn i wythnos, ysgrifenodd Noel Coward – 'Blithe Spirit'.

Dyma, hefyd, gyrchfan llawer Arlunydd, Llenor a Cyfansoddwr byd enwog. Pan yn Dywysog Cymru, bu Iorwerth VIII yn aros yma lawer gwaith.

Heddiw, daw enwogion am seibiant, i ymweld ar gymysgfa ddiddorol o ddulliau pensaerniol; gan mwyaf yn dangos naws yr Eidal.

Y GARN AND LLYN OGWEN

This is the mood country of Snowdonia: high rising rock, treeless lakeside, and white drifting cloudscape. Y Garn rises to 3,104 feet and the summit can be reached in about three hours from Llanberis. Llyn Ogwen (Lake Ogwen) is surrounded by some of the highest mountains in Wales: Tryfan, Braich Du, Foel Goch, the Glyders; and Y Garn which stands central in this photograph. The lake is about a mile long, and at one time was well stocked with trout. The small river rising from the lake is the Ogwen, which flows down through a boulder-strewn bed.

Y GARN A LLYN OGWEN

Yma ceir gwir ysbryd Eryri – Creigiau uchel, ochrau'r llyn yn foel heb goed, a'r cymylau gwyn yn hofran uwchben. Cyfyd Y Garn 3,104 troedfedd. Gellir ei dringo mewn rhyw dair awr o Lanberis.

Amgylchir Llyn Ogwen gan rai o fynyddoedd uchel of Cymru, er engraifft – Tryfan, Braich Ddu, Foel Goch a'r ddwy Glyder. Mae Y Garn yng nghanol y darlun. Rhyw filltir o hyd ydw Llyn Ogwen, ac ar un adeg roedd llawer o frithyll ynddo. O'r Llyn, cychwyn Afon Ogwen sy'n ymdroelli i lawr gwely caregog i'r cŵm.

MOELFRE, ANGLESEY

A typical Anglesey seaside village, now much used for holidays and weekend boating. Once this, like many other Anglesey villages, was a quiet place; but so no longer. The inland scenery of the island is flat and pastoral, but the views to the east, over the Menai Straits, show the distant magnificence of the Snowdon range. In Moelfre Bay the *Royal Charter* was wrecked, in the days when Liverpool had a vast sea trade and all of it skirted the Isle of Anglesey. Once the shingle shore in the foreground of the photograph would be barren, except for a local fishing boat or two. Boating, and second homes, have brought increased trade to Moelfre, as elsewhere; although the invasion is much resented by Welsh people, the younger generation in particular.

MOELFRE, SIR FÔN

Dyma bentref nodweddiadol o lan mor Sir Fôn. Unwaith, fel y rhan fwyaf o bentrefi Môn, roedd yn le tawel. Nid felly mwyach, ond cyrchfan i lawer dros y penwythnosau yn eu tai au llongau.

Golygfa geir, tua canol gwledig yr ynys, o borfeuydd gwastad. Ond mae endrych i'r dwyrain ar draws Gulfor Menai yn wych. Gellir gweld gogoniant mynyddoedd Eryri. Yn y dyddiau pan y byddai llongau marchnad Lerpwl yn hwylio ar gwr Sir Fôn, cafodd Y Royal Charter ei llong-ddryllio yn Bae Moelfre.

Ers talwn, rhyw ambell long bysgota, eiddo un o'r trigolion lleol a welid ar y traeth. Ond erbyn hyn mae ail gartrefi, a llongau o bob math, wedi gwneud Moelfre yn ôr – boblogaidd. Daeth ychwanegiad masnach yn eu sgil, fel i lawer man arall. Er hynny, câs gan lawer o Gymry, yn enwedig y bobol infanc, yw y treisfeddianu Yma.

HARLECH CASTLE

Standing on an elevation above the sea, Harlech Castle has one of the most commanding positions for a fortress in the British Isles. Built on rocks above Cardigan Bay, the castle has had a long love/hate relationship with the Welsh people. Built by Edward I, it was taken by Owain Glyn Dwr in 1404 and held by him for four years. During the Civil War the castle changed hands several times and was the last castle to be finally taken by the Parliamentary forces, who ordered its destruction. Fortunately this was not carried out, and the building is today beautifully cared for by the Ministry of the Environment. It overlooks the famous Royal St David's Golf Course, but the vistas inland have been marred by ugly modern developments including a post-war secondary school.

CASTELL HARLECH

Saif Castell Harlech ar godiad tir goruwch y mor. Adeiladwyd ar y creigiau uwch Bae Aberteifi, safle nad oes i'w chymharu ag unman ym Mhrydain.

Chwareuodd y Castell ran bwysig yn yr ymrafael hir gyda'r Cymry. Adeiladwyd gan Iorwerth I. Concrwyd gan Owain Glyndwr yn 1404, a bu yn ei feddiant am bedair blynedd. Newidiodd ddwylo lawer gwaith yn nyddiau y Rhyfel Gartrefol, ac yn y diwedd cymerwyd gan filwyr y llywodraeth. Rhoddwyd gorchymyn i ddinystrio y Castell. Da, ni wnaed hyn. Heddiw mae dan warchogaeth Swyddfa yr Amgylchedd.

Fe edrych y Castell dros Gwrs Golff Sant Dewi.

Nid yw yr olygfa tua'r tir yn ddeniadol. Mae wedi ei amharu gyda'r datblygiadau hûll, modern, ac yn ei mysg, Ysgol Eilradd godwyd ar ol y rhyfel ddwaetha.

LOOKING WEST OVER LLANGORSE LAKE, BRECONSHIRE: BRECON BEACONS IN THE BACKGROUND

Set in gentle farmland, Llangorse Lake was once lonely and known only to farmers and the occasional wanderer off the beaten track. Today it, as with all other Welsh beauty spots, has been discovered: particularly as it is within easy Sunday afternoon motoring distance for the inhabitants of the South Wales industrial areas. The Brecon Beacons in the background now form part of an area designated as being of outstanding natural beauty, to be preserved as a National Park. This landscape is typically different from the mountains of North Wales. The Border Country of Wales and England has an atmosphere all of its own: a remarkable sense of apartness from both lands.

EDRYCH DRAW I'R GOGLEDD DROS LLYN LLANGORS TUAG AT BANNAU BRYCHEINIOG

Llyn unig, anghysbell oedd llyn Llangors, ynghanol dolydd mwyn a neb ond ambell ffarmwr, neu grwydryn yn troedio o'i gwmpas. Erbyn heddiw, fel gyda cymaint arall o leoedd tlws Cymru, darganfuwyd nhw gan drigolion trefi diwidianol y De. Yn enwedig gan eu bod mewn cyraedd taith hawdd, p'nawn Sul yn y car. Mae Bannau Brycheiniog, a welir yn y cefndir, yn rhan a ddyfarnwyd yn le o 'harddwch arbennig', ac i'w ddiogelu fel rhan o'r Parc Cenedleuthol. Mae y tirolwg yma yn nodweddiadol wahanol i fynyddoedd gogledd Cymru Dyma Wlad yr Efin rhwng Lloegr a Cymru. Mae yn le 'ar wahan' Mae teimlad nodweddiadol yn yr awyrgylch, rhyw naws arbenig.

ELAN VALLEY, RADNORSHIRE

The source from which Birmingham draws its Welsh water in Radnorshire, a distance of 73 miles. There are a series of dams, with drowned valleys, about four miles from the town of Rhayader. Whatever feelings Welshmen may have about this free export of one of their major natural resources, it must be admitted that the 8 miles of roadways around the reservoirs provide much scenic, if man-made, charm. The whole scheme was started in 1894 and took over ten years to finish. Each gallon of water, for the record, takes about two days to flow into Birmingham. The whole area of the Elan Valley is at its most pretty in the autumn, when the extensive treescape and the hills take on the colours of the fall.

DYFFRYN ELAN, SIR FAESYFED

Saith deg tri o filltiroedd o Birmingham yn Sir Faesyfed, mae ei ffynhonhell dwr. Rhyw bedair milltir o dref Rhaeadr, mae cyfres o gronfeuydd dwr, a pentrefi wedi eu boddi ynddynt. Beth bynnag yw teimlad y Cymry am allforio dwr rhad, sydd yn un o adnoddau naturiol gwerthfawrocaf eu gwlad, rhaid cyfaddef fod yr wyth milltir o ffyrdd a wnaed o gylch y gronfa, yn cynyddu harddwch yr amgylchedd. Dechreuwyd y cynllyn yn 1894. Cymerwyd deg blynedd i gwblhau y gwaith. Diddorol yw sylwi y cymer pob galwyn o ddwr ddau ddiwrnod i lifo o Elan i Birmingham.

Mae Elan ar ei brydferthaf yn yr Hydref pan mae'r coedwigoedd ar bryniau yn eu gwisg amryliw, cyn y disgyn.

CENARTH – CORACLE MAN

A familiar sight on the River Teifi in West Wales. The coracle is a light skiff-type of boat, made from woven alder canes covered with canvas which is then made thoroughly watertight by a layer of molten pitch. The result is a very individual type of craft, ideally suited for use by one person on a fast-flowing river. A single-bladed paddle is used for propulsion. Coracles have been used on Welsh rivers since Roman times: particularly for salmon fishing. They are made locally and are never moored on the water, but are taken home by the users, and have the additional use of giving protection against rain and weather on the fisherman's walk from cottage to water. Being very light and responsive, their use takes some skill to acquire. Once proficient, a coracle fisherman uses his craft like an extension of his own physical presence on the river.

CENARTH – DYN Y CWRWG

Dyma olygfa gynefin ar Afon Teifi yng ngogledd Cymru. Cwch fach ysgafn yw, wedi ei gweu o wiaill gwernen, gyda cyfnas dros y ffrâm. Gorchyddir wedyn gyda phyg i gadw'r dwr allan. Y canlyniad yw llong, o fath wahanol, perffaith addas i'w defnyddio gan 'Un' ar afon dwr cyflym. Rhwyfir gyda padl un llafn. Defnyddiwyd cwryglau ar afonydd Cymru ers amser y Rhufeiniaid, yn enwedig i bysgota samwn. Gwneir hwy yn lleol. Ni fydd pysgotwr yn angori ei gorwg wrth y lan. Na, bydd yn ei chario gartre dros ei ben ai ysgwyddau. Fel hyn, cedwir ef rhag gwaetha'r tywydd wrth fynd yn ol a blaen at yr afon.

Gan mae ysgafn iawn yw, rhaid wrth fedr neilltuol, ond wedi meistroli y grefft. Defnyddia y pysgotwr ei gorwg fel ymestyniad o'i gorff ei hun ar yr afon.

34

TENBY, PEMBROKESHIRE

This seaside town has been called the centre of 'The Little England Beyond Wales' which has been given to this part of Pembrokeshire because of its anglicised tradition stemming from the Flemish occupation. Tenby stands on a rocky peninsula reaching out into Carmarthen Bay. As well as being a flourishing resort – as witness the boats in this photograph – the town serves as the market and shopping centre for a large farming hinterland. A few miles to the northeast of Tenby are the Pendine Sands, famous for land speed record attempts in the thirties. And still a little further in the same direction is Laugharne, old home of Dylan Thomas and *Under Milk Wood* fame.

DINBYCH-Y-PYSGOD, SIR BENFRO

Gelwir y dre fach glanmor yma 'Canolfan Lloegr Fechan tu draw i Gymru'. Gelwir felly, gan fod yr ardal wedi ei Saesnegeiddio, er sefydliad yno o fobol o wlad Belg.

Saif Dinbych-y-pysgod ar fraich o dir caregog yn ymestyn allan i Fae Aberteifi. Gwelir oddiwrth nifer y llongau yn y llun fod y dre glanmor yn llewyrchus iawn. Hefyd, dyma ganolfan marchnad a siopa i drigolion y gefnwlad.

Ychydig filltiroedd i'r gogledd-dwyreiniol o Dinbych-y-pysgod mae traethau enwog Pentywyn, a fuont bwysig am rasus ceir cyflym yn y tridegau.

Dipin ymlaen yn yr un cyfeiriad saif Llacharn, a hen dy Dylan Thomos awdur enwog 'Under Milkwood'.

36

COCKPIT IN ST FAGAN'S FOLK MUSEUM, NEAR CARDIFF

St Fagan's is an associate organisation of the National Museum of Wales, and is given over to folk culture in its many full and fascinating forms. Sited in a fine old mansion outside Cardiff, all aspects of the country life and rural lore of Wales are preserved with a fascinating reality. The grounds of the mansion show many of the rural industries and pastimes of the Wales of yesteryear. Typical is this old cockpit which has been rescued from demolition and restored authentically. Cock-fighting was much carried on in old Wales, often in the open air. This building, circular and with a thatched roof, is in the circus tradition for pastimes under cover against the Welsh weather.

YMLADDFAN CEILOGOD YN SAIN FFAGAN GER CAERDYDD

Cyd-aelod yw Sain Ffagan o gyfangorff amgeueddol Cenedleuthol Cymru. Sefydlwyd y rhan o'r Amgeueddfa, sy'n ymwneud a diwilliant gwerin, mewn hen blasdy nepell o Gaerdydd. Yma, yn Sain Ffagan, dengys pob agwedd o fywyd gwledig ac athrawiaethau cefngwlad. Ar y tir, o amgylch y Plasdy, ailadeiladwyd sawl diwidiant, a ddaethpwyd yno o wahanol siroedd Cymru. Hefyd, crefftwyr yn gweithio, er engraifft y gwehydd. Hefyd gwelir fathau o bleserau yr hen Gymry, fel ymladd ceilogod. Yn amal, gwnaed hyn yn yr awyr agored, ond gan fod tywydd yn ansicr codwyd adeilad crwn gyda tô gwellt. Achubwyd yr Ymladdfan yma, pan ar gael ei dymchwel, cafodd ei hadfer a'i hail godi yn Sain Ffagan.

ST DAVID'S CATHEDRAL, FROM THE SOUTH-EAST

St David's Head in Pembrokeshire is, after Land's End, the most westerly point in Britain. The cathedral three miles away is of great antiquity and is held in much affection by the Welsh nation, as St David is the patron saint. He founded a monastery here towards the end of the fifth century partly, it is said, to be near to his friend St Patrick, who was in Ireland. The present building was started in 1176 and is 307 feet long. It contains the tomb of Edmund Tudor, father of Henry VII. Many pilgrims have visited the place for its holy significance: William I, Edward I, John of Gaunt. Services have been held within these walls in the Welsh language since time immemorial and the Bishop of St David's is the head of the Church in Wales.

EGLWYS GADEIRIOL TY DDEWI, O'R DE-DWYREINIOL

Y pentir mwyaf gorllewinol yn Mhrydain, heblaw 'Land's End' ydyw Tŷ Ddewi yn Sir Benfro. Saif Eglwys Gadeiriol Sant Dewi tua tair milltir i mewn i'r wlad. Mae yn Englwys hynafol iawn, ac yn cael ei mawr barchu gan y Cymry, am mae Dewi yw ei Nawdd Sant. Sefydlodd yr Abaty tua diwedd y bumed ganrif. Dywedir iddo wneud hyn er bod led agos i'w gyfaill Padrig Sant oedd yn yr Iwerddon. Dechreuwyd yr adeilad presenol yn 1176. Mae yn 307 troedfedd o hyd. Yma mae beddrod Edmwnd Tudur tad Harri' VII seithfed.

Mae miloedd o bererinion wedi mynychu y lle sanctaidd hwn. Dyma rai – Iorwerth I, William I a 'John of Gaunt' Mae gwasanaethau crefyddol yn para i'w cynnal yma fel y buont ers cyn cof.

Esgob Tŷ Ddewi, yw pen yr Eglwys yng Nghymru.

CAERPHILLY CASTLE FROM THE WEST

Another of the great architectural fortresses of Wales, witness to the amounts of stone and mortar which were considered necessary to keep the old Welsh subdued. Caerphilly is one of the industrial towns of South Wales, although it was formerly the shopping centre for Victorian country people and had a large market. The castle shown here is one of the largest in the British Isles, second only to Windsor. Built in the thirteenth century it covers, by a series of inner ring walls, over 30 acres; and the complicated interior gives a curious feeling of exploring a small city, rather than one individual castle.

CASTELL CAERPHILLY O'R GORLLEWIN

Dyma un arall o gaerau pensaerniol mawr Cymru. Saif yn dystiolaeth o'r cyfanswm cerrig dybiau y Saeson, oedd ynarghenrheidiol i gadw y Cymry o dan reclaeth.

Tref ddiwidianol yw Caerphilly, ond yn amser Victoria, dyma gyrchfan pobl y wlad i brynu a gwerthu mewn marchnad fawr.

Nid oes ym Mhrydain, heblaw Windsor, gastell mwy na Castell Caerphilly a welir yma. Adeiladwyd yn y 13 ganrif, ar dri deg erw o dir. Tu mewn ceir cylchoedd tu mewn i gylchoedd. Dyma y Castell consentrig cyntaf a adeiladwyd ym Mhrydain. Teimlad hynod yw ymdroelli ar hyd y llwybrau cymleth, fel petae un yn chwilota dwry ddinas fechan yn hytrach nac mewn un castell arbennig.

Adeiladwyd y twr sy'n gogwyddo, yn y 17 ganrif. Synwm wrth weld y maenwaith 50 troedfedd yn gogwyddo o leiaf 9 troedfedd o'r unionsyth.

LIGHTHOUSE ON STRUMBLE'S HEAD, PEMBROKESHIRE

The sea lies on three sides of Wales, and there are cliffs and rocky shores and lighthouses where this Celtic land gives way to the ocean. The shoreline from St David's Head to Strumble Head is very scenic, with cliffs falling sheer to the sea as in this photograph. It was in this area of Wales that in February 1797 about 1400 French soldiers landed. After plundering the countryside they finally surrendered, and this was the last invasion of Britain. Local people who had helped to repel the French received annuities, some of which continued into Victorian times. The lighthouse in this picture is one of the many placed around the Welsh coasts, often in lonely situations yet accessible from the land.

GOLEUDY AR BENTIR STRWMBL, SIR BENFRO

Gorwedd Môr hyd tair ochor Cymru. Gwelir clogwyni a traethau caregog ac ambell Oleudy ple yr ymollwng tir y Celtiaid i'r cefnfor. Mae golygfa yr arfordir o Penmaendewi i ben Y Strwmbl yn ardderchog dros ben. Disgyn y clogwyni yn syth i'r mor, fel yn y llun yma.

Mis Chwerfor 1797 glaniodd tua mil-pedwar cant o filwyr Ffrainc. Wedi rheibio y wlad, gorchfygwyd hwynt a bu rhaid iddynt ildio yn y diwedd. Dyma y tro olaf i fyddin geidio meddianu Prydain o'r mor.

Rhoddwyd blwydd-dâl i'r bobl leol fu'n helpu i yrru y Ffreincwyr yo ol. Parhaodd rhai hyd amser Victoria.

Un yw y Goleudy hwn o lawer wedi eu gosod yma a thraw ar arfordir Cymru. Er mewn lleoedd unig, anghysbell, gellir mynd atynt dros y tir.

44

BEDDGELERT VILLAGE

This is one of the most charming villages in Snowdonia, the haunt of climbers and a great centre for travel writers. It snuggles, for want of a better word, in a situation where three valleys meet; and where two rivers, the Colwyn and the Glaslyn, mingle. Towering above the village are the mountains of Moel Hebog, Craig-y-Llan, and Yr Aran. The architecture reflects the native stone used in buildings all over Snowdonia: both for bridges and homes. The bridge shown here is one of the best known in Wales as a meeting place for young lovers – and for old men now too rickety for the mountains; there is a pleasant standing and leaning place over the central pillar. The road to the right in front of the hotel leads to Pen-y-Gwryd, Llanberis and/or Capel Curig: all familiar names much loved by climbers.

PENTRE BEDDGELERT

Dyma un o bentrefi mwyaf swynol Eryri, cynefin dringwyr, a canolfan awduron llyfrau teithio. Mae yn 'anwesu' am nad oes gair gwell yn nghesail lle cyfarfu tri dyffryn, ac y cymysga ddyfroedd dwy afon, sef Colwyn a Glaslyn. Goruwch y Pentre tyrra mynyddoedd Moel Hebog, Craig-y-Llan, a'r Arran. Defnyddid y garreg leol, hyd a lled Eryri, ym mhob math o adeiladu – cartrefi a pontydd. Adnabyddir y bont welir yma fel cyfarfodle cariadon ifanc. Am yr hen wyr sydd a'i coesau rhy simsam i ddringo y mynyddoedd, nid oes lle mor ddifyr i roi eu pwys ac ar y fan uwchben y golofn, canol y bont. Arwain y ffordd, ar y dde, o flaen y Gwesty i Peney-Gwryd a Llanberis, neu i Gapel Curig. Enwau adnabyddus i bob dringwr.

ABERGLASLYN FALLS, CAERNARVONSHIRE

These falls, near Beddgelert, are in the heartland of the Snowdonia National Park. They are formed from the upper reaches of a mountain river bordered by conifers, silver birch and mountain ash trees. The verges of these falls are favourite picnic grounds. The village of Beddgelert at the head of the cataracts is much occupied by climbers and hill walkers, and has remained unspoiled by development or commercial tourism. In winter these falls are at their most impressive, especially when in full spate after the melting of snow on the Snowdonia heights. Many of the outdoor recreational centres use these falls for canoeing, but it is not recommended for amateurs.

RHAEADR ABERGLASLYN, SIR GAERNARFON

Disgyn y rhaeadr yma ger Beddgelert yn nghanol Parc Cenedleuthol Eryri. Cychwyn fel nant mynydd ar y llechweddau uwchaf, yna ymdroelli trwy goed pîn, bedwen arian a rowan. Mae y lleoedd wrth y Pistyll yn boblogaidd iawn fel man cael 'pic-nic'.

Dringwyr a cerddwyr y bryniau sydd yma gan mwyaf. Da yw, nad ydi Beddgelert wedi ei ddifetha gan ddatblygiadau na twristiaeth fasnachol. Yn y gaeaf, wedi meiriol yr eira ar uchelderau Eryri, ceir arolwg byth gofiadwy o'r pistyll llawn.

Mae llawer canolfan adloniant awyr agored yn defnyddio rhai rhaeadrau cymwys efo can, Ni chymeradwyrir hyn ir amatur.

CARDIFF: CIVIC CENTRE

This Civic Centre was the first to be designed in this country; and the planning of Cardiff, the capital city of Wales, has been carefully developed over the years. The docks and working areas have been kept to one district, away from these impressive administrative and national cultural buildings. Included in the Civic Centre are the City Hall and the Law Courts, the National Museum of Wales and the University College of South Wales. The spacious design of the newer Cardiff is in marked contrast to the older dockland area, though the latter is held in nostaligic affection by the original inhabitants of the capital.

CANOLFAN DINESIG CAERDYDD

Dyma y Ganolfan Ddinesig gyntaf i gael ei 'Chynllunio' yn y wlad. Ac y mae llunio Caerdydd, prif-ddinas Cymru wedi cael eu ddatblygu yn ofalus dros y blynyddoedd, Mae y dociau ar rhannau diwidianol wedi ei cadw mewn ardal digon pell oddiwrth yr adeiladau heirdd sy'n ymwneud a materion gwinyddol, cenedleuthol, a diwilliadol a welir yma. Cynwys y Ganolfan Prif Neuadd y Ddinas, Llysoedd Barn, Arddanghosfa Genedleuthol Cymru a Coleg y Brif-Ysgol yn y Dê.

Mae eangder prud a gwedd y rhannau newydd o Gaerdydd, yn dangos yn glir y gwrthweddiad sydd yn hen ardaloedd y dociau. Er hyn mae trigolion gwreiddiol y Brif-Ddinas yn hoff iawn o'r lle.

SNOWDON

Snowdon, Y Wyddfa, rises to 3,560 feet with its associated peaks of Crib y Ddisgl and Crib Goch. These are the three peaks in what is known as the Snowdon Group. Around and near about are the Glyders and the Carneddau: all names much beloved by climbers and rockface acrobats. Snowdon summit can be reached by a railway which was opened in 1896 and is 4½ miles long. The whole of the Snowdonia range is wildly popular with tourists and holidaymakers and becomes much like a human ant-hill in the summer. Such, however, is the grandeur and vastness of this mystical area of mountain that it appears mostly unspoiled and uncontaminated when viewed from a distance.

Y WYDDFA

3560 o droedfeddi, dyna yr uchder y cyfyd y Wyddfa ar pinaclau cyfagos, sef Crib-y-Ddisgl a Crib-Goch. Adweinir y rhain fel Y Bedol. Yn agos, o'u cwmpas mae y ddwy Glyder ar Carneddau. Dyma anwau hoff gan ddringwyr a'r perfformwyr diheuig ar wyneb craig.

Gellir 'Dringo' i ben y Wyddfa mewn trên bach. Yn 1896, agorwyd lein, sydd yn pedair milltir a haner o hyd.

Erbyn hyn, mae lled ac eangder mynyddoedd Eriri yn boblogaidd iawn gyda twristiaid a pobl gwyliau. Cyrchu yno nes bron gwneud rhannau fel twmpath morgrug yn yr haf. Ond diolch am ei mawredd, eu gogoniant, a'u neilltuad i ddirgelwch sy'n gorchuddio pob halo-grwydd. O'r pellter edrychwn ar olygfa berffaith.

LAKE VYRNWY, MONTGOMERYSHIRE

This great lake was formed in the late nineteenth century by Liverpool Corporation by drowning the valley and village of Llanwddyn, Montgomeryshire. Many homesteads and farms lie beneath the waters which result from the impounding of the River Vyrnwy and the building of an immense granite dam. It is romantic now, with trees down to the shore and a general air of Alpine splendour. However, it remains a focal point for Welsh national feeling in the matter of the cheap export of national resources. The building seen to the right of the picture is the straining tower through which the outlet mains pass before leaving through tunnels bored through the Berwyn Mountains.

LLYN EFYRNWY, SIR DREFALDWYN

Creuwyd y llyn enfawr yma tua diwedd y 19 ganrif, gan gorfforaeth dinas Lerpwl. Gwnaed y llyn trwy foddi dyffryn a pentre Llanwddyn. Mae llawer o gartrefi a ffermydd o dan y dwr. Cynhaliwyn y dwr gan argau eang o wenithfaen. Golygfa ramantus a geir heddiw pan fo'r coed wedi tyfu i lawr at y glannau. Mae yn rhoi awyrgylch alpaidd gogoneddus. Er hyn mae yn aros yn bwnc trafodaeth losg, fod adnoddau drud ein cened yn cael ei allforio yn rhad. Ar dde y llun, gwelir adeilad. Dyma y twr hidlo, trwy ba un yr aiff y pibellau mawr i wagu y dwr i'r twneli a dyllwyd drwy fynyddoedd y Berwyn.

TAL-Y-LLYN RAILWAY AT DOLGOCH STATION, MERIONETH

The Tal-y-Llyn Railway Preservation Society was one of the first to be organised anywhere. Its founders rescued this narrow-gauge railway, and have renovated it into one of the great tourist attractions of Wales. The railway runs from Towyn, Merioneth, deep into the heart of the Welsh mountains. The quaint carriages and the small gay steam engines are the same as were used in the old days to take the country people to market, to take stock from the farms and to haul coal and lime and slate. Dolgoch station is a halfway mark, and there are superb waterfalls which can be seen from the lonely little station, set among rhododendrons and a forest glade. Riding this railroad is like stepping back into the Victorian era, and great efforts are made by the Railway Society to preserve complete authenticity.

RHEILFFORDD TAL-Y-LLYN YN ORSAF DOLGOCH, SIR FEIRION

Cwmni Cadw Reilffordd Tal-y-Llyn, oedd y cyntaf i gael ei sefydlu yn unman. Achubwyd y leinfach ac wedi ei hadfer, dechreuwyd cario ymwelwyr o Dywyn. Meirion i fyny yn ddwfn i ganol y mynyddoedd. Mae yn denu twristiaid, bron mwy nac i unman arall. Defnyddir, heddiw, yr un injan fechan ager, gyda'r cerbydau lliwgar hen-ffasiwn a ddefnyddid o'r hen ddyddiau.

Byddai trigolion y wlad yn arfer mynd a'i nwyddau yn ol a blaen, ac yn cludo glo, calch, a llechi ynddi.

Saif gorsaf Dolgoch haner-ffordd mewn man agored yn y goedwig. Oddiyma, ceir olwg ar y rhaeadr odidog, ac yn eu tymor ddigonedd o goed lliwgar y rhododendron. Cymer y daith hon ni yn ol i gyfnod Brenhines Victoria. Gwneir ymdrech gan y cwmni i gadw pob peth yn unol ar cyfnod.

ROYAL NATIONAL EISTEDDFOD, 1968, BARRY, GLAMORGAN

Here is shown the ceremony of Chairing the Bard which, with the other ceremony of Crowning the Bard, is one of the highlights of the Royal National Eisteddfod of Wales. This is the great annual cultural get-together of the Welsh people where song, prose, recitations and a wide variety of artistic activities take place in a very hectic week. The National Eisteddfod is held alternately in North and South Wales, and the occasion is the time for many organisations and societies to hold their annual meetings. There are also many Noson Llawen, which are impromptu concerts or 'merry evenings' which have a long tradition in Wales. The Bard for the Chair or the Crown has been chosen by a competitive ode and the winner, literally, receives a Bardic Chair or a Bardic Crown. Eisteddfodau on a smaller scale are held all over Wales. The National Eisteddfod is not to be confused with the great Llangollen International Musical Eisteddfod of Folk Song and Dance, to which thousands of overseas competitors come for an unique festival.

EISTEDDFOD FRENHINOL GENEDLEUTHOL CYMRU YN Y BARRI 1968, MORGANNWG

Dyma welwn – Seremoni Cadeirio y Bardd. Y Seremoni yma, ynhyd a Seremoni Coroni yw, yn ddiamau, pinaclau Eisteddfod Genedleuthol Cymru. Dyma Y Gyrchfan flynyddol diwylliadol pobl Cymru. Yma y ceir canu, adrodd, llenydda, traddodi, a cymryd rhan mewn amrydiol weithgareddau am wythnos brysur. Mae Arddanghosfa Celf a chreft. Cyfarfu sawl Cymdeithas yn eu cyfarfod blynyddol ar faes yr Eisteddfod Oriau pwysig a hapus yw y rhain a geir yn un neu arall o'r Nosweithiau Llawen. Cyngherddau difyr di-lol, yn cael eu trefnu 'ar-y-funud' a ydynt a thraddodiad hir yn Nghymru.

Y Bardd sydd yn cael ei gadeirio, go-iawn, 'yw yr un a ddyfarnwyd fod wedi gwneud "Yr Awdl" oreu. Ar Bardd i gael ei Goroni, yw yr un mae y Beirniaid yn credu ysgrifennodd y Bryddest oreu. Siom arw ydyw i'r Eisteddfodwyr pan y dedfrydir nad oes neb yn deilwng o'r Wobr.' Digwydd hyn weithiau.

Cynhelir Eisteddfodau bychan a rhai mwy hyd a lled Cymru.

Mae yn ofynol peidio cymysgu ein Eisteddfod Frenhinol Genedleuthol gyda Eisteddfod Gerddorol Rhyngwladol Langollen, i'r hcn y daw cystadleuwyr o bob man o'r byd. Yma ceir cystadleuthau mewn llawer iaith, hefyd cystadleuthau mewn Caneuon gwerin a Dawns gwerin. Daw miloedd i fwynhau y Gymanfa Ddigyffelyb hon.

LLANTHONY PRIORY – BRYNMAWR WELSH FOLK DANCERS

This ancient building is in a lonely spot in the Black Mountains, ten miles from Abergavenny. Once a famous priory of the Cistercians, it was built soon after the introduction of Gothic architecture and before the disuse of the Norman mode; hence it includes both styles. Built between 1108 and 1115 it was abandoned quite soon afterwards for another foundation of the Cistercians at Gloucester. At one time the Priory was owned by Walter Savage Landor, the author, but is now cared for as a national heritage. As with every Cistercian house, the site is well chosen for its pastoral beauty, with views out over Hereford and Monmouthshire. The Brynmawr folk dance group, here seen taking part in the old traditional costumes of Wales, are in the forefront of the revival of folk dancing in Wales which is encouraged by the Welsh Folk Song and Dance Society and the great yearly folk gathering at the Llangollen International Eisteddfod.

ABATTY LLANDDEWI NANT-HODNI

Saif yr adeilad hynafol yma mewn lle unig rhyw ddeg milltir o Y Fenni. Unwaith roedd yn Abatty Sisteraidd enwog iawn. Adeiladwyd rhwng 1108 a 1115, yn fuan ar ol dechreu pensaerniaeth Gôthig, a chyn gorphen ar dull Normanaidd. Felly, ceir cymysgfa o'r ddwy arddull yma. Ond ni chafodd ei ddefnyddio yn hir, gan i'r brodyr symyd ymlaen i Sefydliad Sisteraidd mwy yn Caerloyw.

Ar dymor du, Walter Savage Landor – yr awdur – yn berchen yr Abatty. Heddiw mae o dan ofal Ymddiriedaeth Cenedleuthol. Fel holl Dai y Sisteriaid, roedd wedi ei godi mewn bro dlws yn nghanol y wlad, gyda golygfeudd arbennig. Oddiyma golygfeuydd o Sir Henffordd a Sir Fynwy.

Dyma Grŵp Dawnsio, Brynmawr, yn eu gwisg Cymraeg, Maent yn flaenllaw yn y Mudiad i adfywio dawnsio gwerin yng Nghymru. Cefnogir hyn gan Gymdeithas Can Gwerin, a Chymdeithas Dawns Werin Cymru. Mae Eisteddfod Fawr Rhyngwladol Llangollen, pob blwyddyn, yn rhoi cyfle, trwy gystadlu, i Grŵpiau o lawer gwlad.

PORTH DINLLEYN, LLEYN PENINSULA

The Lleyn Peninsula is one of the most unspoiled areas in Wales. Inland it consists of stone-walled farmsteads and winding high banked lanes, rich with bluebells and primroses in the summertime. The coastline is particularly romantic and attractive, with sheer cliffs falling into some of the most lonely waters of the British Isles. Small fishing villages, as in this photograph, snuggle in private sandy coves. Once the haunts of wreckers, who lured ships ashore with lanterns for the sake of their cargoes, many of these Lleyn villages are now the haunts of weekend yachtsmen from the Midlands and the North Country.

PORTH DINLLAEN, LLŶN

Mae Gorynys Llŷn yn dal, ar y cyfan, heb ei anrheithio, un o'r ychydig felly yng Nghymru. Tu mewn i'r wlad ceir ffermydd a waliau sych o gylch y caeau bach. Llwybrau, igam ogam sy'n edrych pel pe baent wedi suddo rhwng y cloddiau cerrig a pridd uchel.

Mae yr arfordir yn arbennig o ramantus a phrydferth. Disgynai'r creigiau serth yn syth i lawr i'r dyfnfor mwyaf unig yn Mhrydain. Closiau'r pentrefi pysgota yn glud ger y traethau euraidd cêl.

Dyma oedd fanlle lladron glan-mor. Byddant yn denu llongau i ddryllio ar y creigiau ac yn eu hysbeilio.

Erbyn heddiw, mae rhan fawr o bentrefi Llŷn yn le ail-gartrefi penwythnos i hwylwyr a teuluoedd o'r Canoldir a Gogledd Lloegr.